RETROUVEZ **Mini**
DANS LA BIBLIOTHÈQUE ROSE

Mini a un nouveau grand-père

Mini aux sports d'hiver

Mini et Max le chat

Mini s'occupe de tout

Mini détective

Mini est la meilleure

Mini change d'école

Mini au bord de la mer

Christine Nöstlinger

Prix Hans Christian Andersen

Mini et Max le chat

Illustrations de Claire Le Grand

Traduction de Marie-Claude Auger

HACHETTE

L'édition originale de ce roman
a paru en langue allemande chez
DACHS-VERLAG GMBH, Vienne,
sous le titre :
MINI UND MAUZ

Hachette Livre, 43, quai de Grenelle 75015 Paris

Mini
et Max le chat

Voici Hermine Dubois, que tout le monde appelle Mini.

Elle a six ans et est en C.P.

Mini a un frère, Félix. Lui, par contre, on l'appelle par son prénom, tout simplement.

Félix a huit ans mais il n'est pas plus grand que sa sœur. Ce n'est pas qu'il soit petit pour son âge, non, c'est Mini qui est immense pour ses six ans.

La maman s'appelle Claire et le papa Pierre. Lui, il est employé de banque et elle, elle travaille à mi-temps dans une agence de voyages. Mini a aussi une grand-mère, Suzanne,

qui est à la retraite depuis deux ans.

Mini est assez contente de ses parents mais Félix, en revanche, trouve toujours quelque chose à redire à leur sujet. Par exemple :

« Papa ne me donne pas assez d'argent de poche ! Il ne joue jamais avec moi ! »

Ou encore :

« Maman me gronde tout le temps ! Je n'ai jamais le droit de rien faire ! »

Quand il dit ce genre de

choses, Mini lui fait remarquer :

« Moi, je trouve qu'on a de la chance d'avoir des parents comme ça ! Ils sont super ! »

Sur un point toutefois, elle lui donne raison :

Les parents refusent d'avoir un animal dans l'appartement, et ça, ce n'est pas sympa du tout de leur part !

« Pas de chien, pas de chat, pas de cochon d'Inde, pas de lapin nain, pas de canari, pas

de hamster, pas même un poisson rouge. »

Mini adore les chats. Chaque fois qu'on lui demande ce qu'elle aimerait avoir comme cadeau, elle répond :

« Je voudrais un chat! »

Mais papa et maman ne se laissent pas faire.

« Les chats ne sont pas faits pour vivre en appartement. Les chats sentent mauvais et perdent leurs poils. »

Parfois, papa ajoute, en plaisantant :

« Si jamais je gagne au loto, nous achèterons une maison avec un jardin et tu auras ton chat! »

Mais cela n'est pas une

consolation parce que papa ne joue jamais au loto.

Mini se dit : « Non seulement il ne me permet pas d'avoir un chat mais en plus, il se moque de moi ! »

Et elle ne comprend pas pourquoi il faut absolument habiter dans une maison avec jardin pour avoir un chat.

Pour un âne, d'accord, il faut avoir un jardin, pour un chevreuil aussi, ou pour un cheval !

Mais pour un chat?!

Mini a la preuve qu'on n'a pas besoin d'avoir un jardin pour avoir un chat. Dans sa classe, il y a beaucoup d'enfants qui ont un chat et pas de jardin.

Chloé, par exemple, l'amie de Mini : chez elle, il y a deux chats, un chien et un perroquet ! Et son appartement est bien plus petit que celui de Mini !

Régulièrement, Mini explique à ses parents que l'on peut très bien vivre en appartement avec un chat.

Mais ses parents ne veulent rien entendre. Même Félix est de leur avis :

« Moi, j'ai une mouche dans ma chambre. Comme animal domestique, ça me suffit. »

Dans la famille, il n'y a que la grand-mère qui aime les chats. Mini trouve ça chouette de sa part. D'ailleurs, c'est bien tout ce qu'il y a de chouette chez sa grand-mère qui est par ailleurs une personne difficile. C'est du moins ce que dit papa.

Mamie ne supporte pas le moindre désordre. Elle n'a

pas vraiment le sens de l'humour et est extrêmement susceptible.

Comme elle boudait souvent, le grand-père de Mini — qui est mort, hélas ! — lui disait :

« Tu es ma boudeuse préférée ! »

Mamie acceptait cela de la part du grand-père mais quand, un jour, Félix l'a traitée de « boudeuse », elle a été si vexée qu'elle s'est mise à sangloter. Elle a ensuite exigé que Félix lui fasse des excuses.

Elle aurait voulu qu'il lui dise :

« Chère mamie, je te demande pardon, je ne dirai plus jamais une chose pareille ! »

Voilà comment mamie concevait la politesse. Mais Félix a refusé et s'est écrié :

« Je ne pourrai jamais dire une phrase aussi bête ! »

Et cette fois, mamie a été tellement contrariée qu'elle est rentrée chez elle en disant :

« Vous ne me reverrez jamais ! »

Et effectivement, elle est restée trois semaines sans venir à la maison alors que d'habitude, elle y passe tous les jours car elle habite à deux pas !

Alors Félix a écrit sur une carte postale la phrase qu'il trouvait si bête et l'a envoyée à sa grand-mère.

« Chère mamie,

je te demande pardon, je ne dirai plus jamais une chose pareille ! »

Et il a ajouté :

« *Une phrase aussi bête, c'est plus facile de l'écrire que de la dire !* »

Mamie a été très touchée de sa carte et s'est empressée de revenir à la maison. En sanglotant !

Mamie ne sanglote pas seulement quand elle est vexée. Elle sanglote aussi quand elle est émue !

Quand Mini rentre de l'école, elle fait toujours un détour

par la rue des Artistes. À cause d'un chat !

Au numéro neuf de cette rue, en effet, il y a un chat qui habite avec une vieille dame : Mme Fromentin. À quatre heures et demie, le chat et la dame sont toujours à la fenêtre.

Mini s'est liée d'amitié avec le chat. Elle n'oublie jamais de lui déposer quelque chose à grignoter en rentrant de l'école. Sinon, le chat serait déçu ! Il compte bien sur Mini pour lui

apporter à goûter. C'est du moins ce que prétend la vieille dame.

Quand il fait froid, la fenêtre est fermée. Mini frappe à la vitre et la vieille dame vient ouvrir.

Le chat s'appelle Max. Dès qu'on le caresse, il se met à ronronner.

Parfois, quand Mini repart, il saute par la fenêtre et la suit jusqu'au coin de la rue, pas plus loin, car il risquerait de se faire écraser.

C'est pourquoi Mini lui dit toujours, en arrivant au coin de la rue :

« Allez, Max, rentre vite chez toi ! »

Et le chat obéit. Mais Mini ne repart pas avant de l'avoir vu grimper sur le rebord de la fenêtre.

Un jour où, pourtant, il ne faisait pas froid, Mini trouva la fenêtre fermée. Le chat était derrière la vitre, miaulait et grattait avec sa patte. Mini frappa au carreau mais la vieille dame ne vint pas ouvrir.

Mini posa son cartable par terre, s'assit dessus et attendit en pensant :

« Elle est peut-être partie faire des courses ? »

Elle resta ainsi un long moment assise sur son cartable. Elle regardait dans une direction puis dans l'autre, mais la vieille dame n'arrivait pas. Soudain, une voiture s'arrêta devant la maison, en double file car il n'y avait pas de place pour stationner. Une jeune femme en descendit et courut jusqu'à la porte. Elle portait dans les mains une boîte isotherme. Mini la reconnut tout de suite. Elle s'appelait Rosie et travaillait pour l'association *Service à domicile.* Dans les boîtes isothermes, il y avait des repas pour les gens âgés qui ne pouvaient plus se pré-

parer eux-mêmes la cuisine.

Dans l'immeuble de Mini vivaient aussi deux personnes âgées à qui Mlle Rosie apportait tous les jours leur repas.

Mini sauta sur ses pieds, prit son cartable et la suivit en se disant :

« Pourvu qu'elle n'aille pas chez ma vieille dame ! »

Mais, hélas ! c'est bien devant la porte de son appartement qu'elle s'arrêta.

Mini lui demanda :

« Puis-je entrer ? Je suis amie avec le chat !

— Volontiers, répondit la jeune femme, tu pourras lui donner à manger à ma place, je suis déjà en retard ! »

Elles entrèrent dans le couloir et aussitôt, le chat bondit hors de la chambre et courut vers Mini en gémissant. Mlle Rosie déposa le repas dans la chambre et ressortit aussitôt. Mini prit le chat dans ses bras et entra dans la chambre de la vieille dame. Celle-ci était

allongée dans un grand lit. Mini s'assit au bord du lit et lui demanda :

« Puis-je faire quelque chose pour vous aider?

— Peut-être un petit peu de rangement? » répondit la vieille dame.

En effet, un grand désordre régnait dans la chambre, et dans la cuisine, ce n'était guère mieux.

« Tu pourrais aussi aller acheter un peu de viande fraîche pour le chat? Celle

qui reste ne doit plus être bonne et Max est difficile, tu sais ! »

Mme Fromentin prit un porte-monnaie et une clé de l'appartement dans le tiroir de sa table de nuit et les tendit à Mini en disant :

« Il y a un boucher juste au coin.

— Vous n'avez besoin de rien d'autre ?

— Tu peux peut-être débarrasser le repas. Je n'ai vraiment pas faim », lui répondit Mme Fromentin.

Mini débarrassa l'assiette et sortit en disant :

« Je reviens dans cinq minutes. »

« Je voudrais du foie, s'il vous plaît, dit-elle au boucher.

— De porc ou de veau? lui demanda-t-il.

— C'est pour un chat, précisa Mini.

— Alors du bœuf fera l'affaire », décida le boucher.

Et il coupa une grosse

tranche de foie. Mini paya et sortit en courant. Avant de rentrer, elle s'arrêta devant un kiosque et acheta une rose. Avec son argent à elle !

Mme Fromentin fut très touchée de ce geste. Max, quant à lui, était ravi d'avoir de la viande fraîche. Puis Mini se mit à faire le ménage, avec Max dans les jambes, bien sûr, car il ne la quittait pas.

Elle nettoya la litière du chat, vida la poubelle, lava les tasses et les assiettes. Elle pré-

para même un thé pour Mme Fromentin.

Pour finir, elle secoua toutes les miettes du lit.

Cela faisait déjà une heure qu'elle était chez Mme Fromentin lorsque, soudain, elle pensa à sa mère qui l'attendait à la maison. Elle devait se faire du souci !

Mini mit la clé de la vieille dame dans sa poche et partit en courant.

Lorsqu'elle arriva chez elle,

hors d'haleine, sa mère s'écria, furieuse :

« J'étais morte d'inquiétude ! »

Mais Mini lui raconta ce qui s'était passé et elle se calma.

Elle ne voyait pas d'inconvénients à ce que Mini continue à s'occuper de la vieille dame et de son chat. Elle lui proposa même de l'aider si elle n'arrivait pas à tout faire toute seule. Mais Mini la rassura :

« Je vais me débrouiller, je ne suis plus un bébé. »

À partir de ce jour, tous les jours après l'école, Mini passait voir Mme Fromentin et son ami le chat. Elle lui achetait son journal, lui préparait un thé avec des petits gâteaux et déposait le tout sur sa table de nuit. Elle secouait les oreillers, caressait le chat, aérait la pièce, changeait la litière de Max et balayait le sol.

Mais, malgré tous ses efforts, elle n'arrivait pas à faire manger la vieille dame. Parfois, quand Mini était là, le docteur passait en coup de vent faire une piqûre à Mme Fromentin. Il disait à chaque fois :

« Cela ne peut plus continuer comme ça ! Il faut que vous alliez à l'hôpital ! »

Et invariablement, la vieille dame répondait :

« C'est impossible, docteur, que deviendrait mon chat ? »

Et le docteur disait :

« Il faudra le mettre à la S.P.A.

— Mais il mourra de cha-

grin, répondait la vieille dame.

— Vous n'êtes vraiment pas raisonnable, madame Fromentin », concluait alors le docteur.

Quel idiot ! pensait Mini qui trouvait que la vieille dame avait bien raison.

Un jour, en arrivant chez Mme Fromentin, Mini trouva Mlle Rosie assise au bord du lit. Elle passait un gant de toilette humide sur le front de la vieille dame.

Max était assis au pied du lit et gémissait. Mme Fromentin était très pâle et avait les yeux fermés.

« Elle dort ? demanda Mini doucement.

— J'ai appelé le Samu, répondit la jeune femme. Elle a eu une attaque, elle ne peut plus parler. Il faut la transporter d'urgence à l'hôpital ! »

Au même moment, Mini entendit le son strident de la sirène de l'ambulance et quelques secondes après, deux hommes firent irruption dans l'appartement.

Le chat bondit et disparut sous l'armoire. Les deux infirmiers s'approchèrent du lit avec une civière.

Alors Mme Fromentin ouvrit les yeux et regarda Mini d'un air implorant. Mini comprit qu'elle voulait lui demander de s'occuper de Max pendant son absence. Elle secoua la tête et lui dit à voix basse :

« C'est juré ! »

Les deux hommes soulevèrent Mme Fromentin, l'installèrent sur la civière et disparurent avec elle.

« Il faut que tu rentres maintenant, conseilla Mlle

Rosie à Mini. Tu ne peux pas rester ici toute seule. »

Elle prit Mini par l'épaule et l'entraîna hors de la chambre.

« Mais le chat ! balbutia Mini.

— Ne t'inquiète pas, la S.P.A. va venir le chercher. Je vais les prévenir.

— Non ! Je vous en prie. Je vais m'en occuper jusqu'à ce que Mme Fromentin rentre chez elle. Et je peux aussi passer un moment avec lui après l'école pour qu'il ne s'ennuie pas. »

Mlle Rosie secoua la tête en soupirant :

« Elle n'est pas près de rentrer chez elle ! »

Puis elle poussa Mini hors

de l'appartement et ferma la porte à clé.

« Mme Fromentin a quatre-vingt-cinq ans, dit-elle. Quand elle sortira de l'hôpital, elle ira sûrement dans une maison de retraite où l'on n'accepte pas les chats. »

Et elle courut vers sa voiture. Elle était pressée car elle avait encore beaucoup de repas à déposer. Mini resta sans bouger devant la porte jusqu'à ce que la voiture ait tourné au coin de la rue puis elle rentra à nouveau dans la maison. Elle sortit de sa poche la clé que Mme Fromentin lui avait donnée et ouvrit la porte de l'appartement.

Elle alla dans la cuisine, ouvrit en grand la fenêtre et prit le panier qui se trouvait sur la table. Puis elle alla chercher le chat qui s'était caché sous l'armoire de la chambre, le mit dans le panier et sortit de l'appartement en claquant la porte derrière elle. Elle marchait en serrant le panier contre elle. Elle pensait :

« La S.P.A. croira qu'il s'est échappé par la fenêtre. »

Tout le long du chemin, elle ne cessa de parler à Max

pour le rassurer. Elle lui disait :

« C'est vrai que mes parents n'aiment pas les chats, mais ils seront bien obligés d'admettre que c'est un cas de force majeure ! Et puis je ne vais pas

leur dire toute la vérité tout de suite. Je vais d'abord dire que c'est seulement pour deux jours, et au bout de deux jours, ils se seront déjà habitués à toi. Quant à mon frère Félix, il va sûrement me soutenir. Ne crains rien, Max, j'ai promis à Mme Fromentin de m'occuper de toi. Chose promise, chose due ! »

Mais quand elle arriva devant chez elle avec le panier dans les bras, elle avait les genoux qui tremblaient et le cœur qui battait plus fort que d'habitude. Et le ventre qui gargouillait !

Mini sonna et sa maman vint ouvrir. Lorsqu'elle vit le chat dans le panier, elle s'écria aussitôt :

« Mini, tu vas me rapporter immédiatement cet animal où tu l'as trouvé !

— Quel animal ? s'écria Félix en sortant de la cuisine.

— Quel animal ? » reprit en chœur mamie en surgissant du salon.

Mini fut soulagée en apercevant sa grand-mère, qui prit sans hésiter son parti :

« Quel joli petit chat ! Entre vite et raconte-nous pourquoi tu l'as ramené ici. »

La maman de Mini ne voulait même pas que le chat entre dans la maison mais Mini fit ce que lui disait sa grand-mère et entra dans le salon avec son panier dans les bras, suivie de mamie, maman et Félix.

Elle s'assit sur le canapé, fit

sortir le chat du panier et l'installa sur ses genoux. Puis elle commença son récit. Sa grand-mère ne tarda pas à avoir les larmes aux yeux,

d'abord parce qu'elle avait de la peine pour Mme Fromentin, mais aussi parce qu'elle était très émue du « grand cœur » de sa petite-fille qui était si bonne avec les vieilles dames et avec les chats.

Hélas ! maman n'était nullement émue. Elle déclara :

« Tout ça est bien joli, mais nous ne sommes pas un refuge pour animaux en péril. »

Puis elle téléphona à papa à la banque, lui raconta que Mini avait ramené un chat à la maison et ajouta :

« Tu peux lui dire toi-même que ce n'est pas possible ! »

Et elle tendit le téléphone à Mini.

« Impossible, Mini ! Je ne veux pas voir cet animal à la maison quand je rentrerai ce soir. »

Mini rendit tristement le téléphone à sa mère.

« Mais c'est seulement pour deux ou trois jours, dit-elle.

— Tu rêves ! dit maman. On ne guérit pas d'une attaque en deux ou trois jours ! Et maintenant, mets ce chat dans le panier, nous allons le conduire à la S.P.A. !

— C'est où ? demanda Félix.

— Nous allons le savoir tout de suite », répondit maman en feuilletant l'annuaire du téléphone.

À ce moment-là, mamie bondit sur ses pieds et s'écria :

« Comment pouvez-vous faire une chose pareille ? Vous n'avez donc pas de cœur ? Mon Dieu ! Je ne vous savais pas aussi insensible.

— Ne vous mêlez pas de cela, s'il vous plaît ! s'écria maman furieuse.

— Vous voulez peut-être m'interdire de parler ? lui lança mamie.

— Parfaitement ! rétorqua maman. Je ne suis plus une petite fille et je sais ce que j'ai à faire ! »

Tous ces cris firent tellement peur à Max qu'il se réfugia dans le panier. Et mamie attrapa sa veste sur le porte-manteau et l'enfila en sanglotant :

« Quand on n'a pas de cœur pour les bêtes, on n'en a pas non plus pour sa famille ! Je m'en vais et je ne remettrai plus jamais les pieds dans cette maison ! »

Puis elle se dirigea vers la porte en se mouchant bruyamment. D'un bond, Mini la rattrapa, son panier dans les bras, et lui demanda :

« Mamie, est-ce que nous pouvons venir nous installer chez toi ?

— Toi et le chat ? » demanda

mamie, si surprise qu'elle s'arrêta net de pleurer.

Mini secoua la tête de bas en haut.

« Tu parles sérieusement? » demanda-t-elle encore.

Mini secoua de nouveau la tête. Elle ne plaisantait pas. Chez qui d'autre pouvait-elle aller s'installer avec son chat?

« Mini, tu es complètement folle! » s'écria Félix qui avait tout entendu.

Au regard que lui lança

Félix, Mini sut tout de suite ce qu'il pensait.

Il pensait :

« Tu ne pourras jamais vivre chez mamie. Avec sa

manie de l'ordre ! Et des bonnes manières ! Elle qui n'a aucun sens de l'humour et qui est toujours fâchée pour un rien ! Tu ne tiendrais même pas un week-end chez elle ! »

Et Mini pensait :

« Il a raison mais il faut que je tienne le coup quand même, pour Max ! »

Mamie dit à Mini :

« Moi je serais d'accord, mais tes parents ne voudront sûrement pas ! »

Mini regarda en direction de sa maman.

Celle-ci souriait, elle pensait la même chose que Félix !

« Tu veux bien, maman ? » demanda Mini.

Maman croisa les bras et lui répondit :

« Mais bien sûr ! »

Elle était persuadée que Mini ne tiendrait pas plus d'un jour chez sa grand-mère et qu'elle rentrerait le soir même à la maison. Au plus tard le lendemain matin. Peut-être pensait-elle aussi : « Ce chat restera chez mamie et le problème sera résolu ! Et Mini pourra le voir aussi souvent qu'elle voudra. »

Croulant sous le poids des paquets, Mini et sa mamie quittèrent la maison. Félix les accompagna en portant l'ours de sa sœur et en poussant le landau de sa poupée.

« Je viendrai chercher le reste demain ! » lança Mini.

Le soir vint et Mini ne ren-

tra pas chez elle. Ni le lendemain matin !

Elle revint seulement le lendemain soir, mais nullement dans l'intention de rester. Elle avait apporté le Caddie de sa grand-mère dans lequel elle entassa ses livres, son parapluie et son cactus. Papa lui demanda avec un sourire moqueur :

« Alors, cela se passe bien chez mamie ?

— Très bien, merci ! » répondit Mini.

Et maman lui demanda, légèrement vexée :

« Et tu t'amuses bien avec ta mamie ?

— Oui, merci ! » répondit Mini.

Félix lui chuchota à l'oreille :

« Mini, ils font semblant de prendre ça à la légère pour ne pas montrer qu'ils sont malheureux ! »

Et Mini répondit tout bas :

« Moi aussi je fais semblant. Je ne veux pas non plus leur

montrer que je suis malheureuse ! »

Car Mini n'avait pas la vie très facile chez sa grand-mère !

Elle avait d'abord espéré pouvoir dormir dans le canapé du salon. Mais sa grand-mère avait refusé !

« Cela ferait trop de désordre le matin », lui avait-elle expliqué.

Mini avait donc dû dormir avec elle dans son grand lit.

Et la grand-mère ronflait comme une locomotive !

Au petit déjeuner, Mini devait boire du chocolat chaud, parce que c'est bon pour les enfants. Mais elle avait horreur du chocolat. Surtout avec de la peau ! Et il n'était pas question qu'elle regarde la télévision. Parce que la télévision, ce n'est pas bon non plus pour les enfants. Et au dîner, mamie expliquait toujours à Mini comment on doit se tenir à table. Avec les bras près du corps. Et pour qu'elle apprenne bien, mamie lui coinçait un livre sous chaque bras.

Mamie avait aussi rangé dans l'armoire les jouets que Mini avait apportés en disant :

« Je veux une maison en ordre ! Quand on ne joue pas avec, les jouets doivent être rangés. »

Mais avec le chat, mamie était absolument géniale. Il avait le droit de tout faire. Et pour Mini, c'était l'essentiel !

Sa grand-mère ne voulait

pas non plus que Chloé vienne la voir.

Elle lui disait :

« Trouve-toi une amie mieux élevée ! »

Et Mini n'avait pas le droit d'aller jouer au parc :

« Tu vas te salir », disait mamie.

Cela faisait déjà trois jours que Mini habitait chez sa grand-mère et elle ne s'y habituait pas ! Ses parents lui manquaient terriblement, et Félix aussi !

La nuit, quand sa grand-mère commençait à ronfler, Mini se mettait la couverture sur la tête et pleurait. Alors Max se glissait à côté d'elle et ronronnait, ce qui la consolait un peu. À l'école, à chaque récréation, Mini courait voir Félix et lui demandait des nouvelles des parents. Mais Félix ne pouvait pas lui dire grand-chose.

Il disait simplement :

« Maman est de mauvaise humeur. »

Ou bien :

« Papa grogne tout le temps ! »

Ou encore :

« Hier le dîner était trop salé ! »

Le quatrième jour, en sortant de l'école, Mini tomba sur Mlle Rosie qui lui annonça que Mme Fromentin était morte la veille.

Mini devint toute blanche. Pas seulement à cause de la vieille dame mais aussi parce qu'elle pensait : « Max ne pourra plus jamais rentrer chez lui ! Je vais devoir rester toute ma vie chez mamie ! »

Mais le soir, alors qu'elle était assise à table, un livre sous chaque bras, on sonna à la porte. C'étaient ses parents. En entrant, maman lui déclara :

« On préfère encore vivre avec un chat que sans notre Mini ! »

Et papa ajouta :

« De toute façon, si je gagne au loto, nous achèterons une

maison avec un jardin. »

Alors mamie les embrassa tous les deux en disant :

« Je savais bien que vous aviez du cœur ! »

Et Mini installa Max dans le panier et rentra à la maison avec ses parents.

Mamie eut juste le temps de leur crier :

« Pour la litière et le sable, vous me devez trente francs ! »

Trois semaines ont passé depuis ce jour. Félix a l'air

d'aimer beaucoup Max. Et Max aime aussi beaucoup maman. Dès qu'elle s'assoit, il lui saute sur les genoux. Maman fait semblant de trouver cela dégoûtant mais Mini voit bien que cela ne lui déplaît pas. Et quand elle pense que personne ne la regarde, maman le caresse… en cachette !

Papa s'est vraiment mis à jouer au loto. Il n'a pas encore gagné mais on sent bien qu'il peut tenir encore quelque temps dans l'appartement avec le chat. Sûr !

Hier, Max a sauté sur le lit de papa qui venait de se coucher. Comme Mini l'attrapait pour le faire descendre, papa lui a dit :

« Laisse donc ce pauvre animal. Je m'endors si bien quand il ronronne comme ça ! »

Dans la même collection...

Mademoiselle Wiz,
une sorcière particulière.

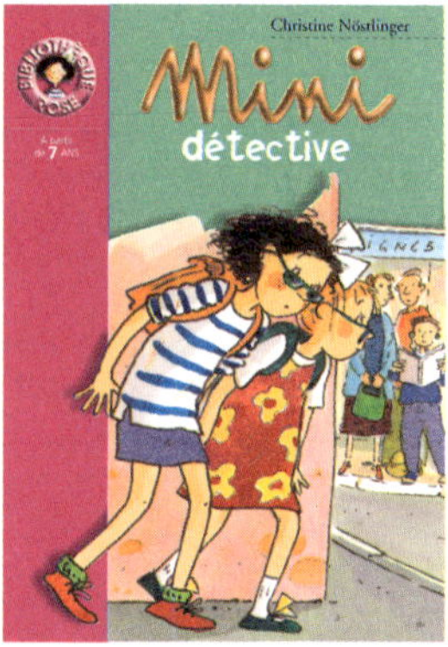

Mini, une petite fille
pleine de vie !

Fantômette,
l'intrépide
justicière.

Avec le Club des Cinq,
l'aventure est toujours
au rendez-vous.

Kiatovski,
le détective en baskets
qui résout
toutes les enquêtes.

Dagobert,
le petit roi
qui fait tout à l'envers.

Rosy et Georges-Albert,
le duo de choc
de l'Hôtel Bordemer

Avec Zoé,
le cauchemar devient
parfois réalité.

Imprimé en France par ***Partenaires-Livres*** ®
N° dépôt légal : 47927 - juin 2004
20.20.0236.07/8 ISBN : 2-01-200236.6

Loi n° 49-956 du 16 juillet 1949
sur les publications destinées à la jeunesse